Andrea Schmidt

Rauhreif, Pferde und

Sehnsucht

Gedichte

aus

dem

Alltag

und

aus

dem

Herzen

Books on Demand GmbH · Norderstedt

© 2008 Andrea Schmidt
Herstellung und Verlag: Books on Demand
GmbH, Norderstedt
ISBN: 978-3-8370-3005-1

Inhalt

Im Kreis der Jahreszeiten

Frühling

Der Frühling kommt
Und mit ihm auch das Licht.
Und mit ihm kommt Wärme
Und Hoffnung voller Farben.

Die strahlende Sonne,
Sie lächelt auf grünende Wiesen.
Sie selbst hat ihnen die Farbe
Mit ihrem Lächeln gegeben.

Und der Regen?
Er nährt die Bäume und Gräser,
Er malt einen bunten Bogen,
Er singt ein plätscherndes Lied.
Und ist sein Gesang verklungen,
Dann wogen die satten Gräser.
Dann schwebt ein Duft aus den Wiesen
Und umfängt die lachende Sonne –
Die Sonne mit goldenen Strahlen
Voll Wärme, voll Hoffnung, voll Licht.

Milá – mein Frühling

Milá – mein Frühling!
Gelobt sei der Herr!

Ein Hahn kräht – einmal, noch einmal, ein
      drittes Mal.
Ein anderer kräht zurück.
Und wieder der erste. Der zweite.
Hin. Her. Immer lauter.
Dazwischen plätschert der Teich.
Der Hahn. Ein Auto.
Vögel tausendstimmig.
Singen, wie Blumen blühen.
Autos auf der nahen Landstraße.
Und Menschen auf dem Platz vorm Haus.

Der kühle Hauch umgibt mich.
Nun ein Motorradgeräusch.
Vögel. Autos. Teich. Stimmen.
Arbeit. Mehr Geräusche.
Auch den Wind höre ich.

Und Vögel und Teich sind immer da.

Jemand zieht ein Rollo hoch.

Quietschen dringt ans Ohr.

Vögel und Teich wären genug.

Mein Idyll.

Wenn ich nach draußen gehe,

Kann ich die Krokusse blühen sehen.

Milá, Du bist noch jung, mein Frühling.

Und kühl.

Lieber Frühling, Komme Bald Herbei!

Laue Lüfte leise lagern
Lerchen liegen, lachen laut,
Leben lärmend, langsam lenkend
Luftumweht, lampenbeleuchtet,
Liebevoll lächelnde Lichtquelle
Lohnt langersehntes Lamentieren.

Freude fühlen flinke Frauen
Fliegen Frühlingsboten fein
Fehlen fahle, fade Fratzen
Feiert Frieda frohe Feste
Frecher Fritz führt flotte Fohlen
Fressen Frieder Frenzens Früchte.

Kinder kommen, Kuchen kauend,
Kichern, krümeln, kitzeln Klaus.
Klagend kullert Käthes Katze,
Kann kaum kriechen, kennt Kathrinchen,
Kennt klein Klärchen, Karolinchen,
Kleine Kartoffeln können krachen!

Bienen brummeln, Blüten beben,

Bohnen blühen, Büsche bringen

Bald Beeren, blaue, bunte!

Bäume bekommen breite Blätter.

Burschen bei braunem Biere beisammen

Betrunkenen Blickes bald betrogen...

Heute hätte Heinrich Heine

Hellen Häusern Hallo gesagt.

Hoher Himmel, heiliger Herr

Haben Herrlichkeit herbeigebracht.

Holpernden Handwagen herziehend

Hechelt Herbert: "Holladrioh, holder...

...Lenz!"

Liebe goldne Sonne

Liebe goldne Sonne –
Leuchte voller Wonne,
Gib uns Wärme, gib uns Licht –
Strahle hell, wir mögen Dich!

Guter Mond dort droben –
Hast Wolken vorgeschoben.
Schau hindurch und halte Wacht –
Scheine mild in unsre Nacht.

Tausend kleine Sterne
Blinzeln in der Ferne.
Sagt, was zwinkert ihr und neckt –
Was hat die Neugier euch erweckt?

Hell ist unser Morgen,
Denn Gott trug unsre Sorgen,
Hat uns in der Nacht bedeckt
Und fröhlich wieder aufgeweckt.

Solch ein Tag

Solch ein Tag, ...

...an dem die Wolken sanft vorüberglitten,
      wenn da welche wären.

...an dem der Regen sanft plätscherte, wenn
      es ihn gäbe.

...an dem Stürme orchesterartig tobten, wenn
      sie nur existierten.

...dessen Lüfte jedoch himmelfreundlichblau
      und sommerluftigtrocken
      und blumigstreichelwarm sind,
      von Vögeln durchzwitschert,
      sonnendurchleuchtet,
blumendurchduftet

- dieser hier schmeckt nach Vanilleeis!

Solch ein Tag

ist für mich der lebendige Beweis dafür,

dass Gottes Schöpfung

einzigartig,

unwiederholbar

und wunderschön ist.

Herbstzeit

O Zeit des Herbstes, nun bist Du gekommen.
Die Tage werden kürzer, es ist kalt.
Die Sommerzeit, die helle, ist verronnen.
Jetzt ist es Nebel, der uns kühl umwallt.

Der Wald schweigt, trauernd blicken alle
      Tiere
Der Bäume letzten gelben Blätter nach,
Wie sie so taumeln, sie, die sonst als Zierde
Den Forst geschmückt, nun liegen sie im
      Bach.

Doch wenn der Herbst uns noch so kühl
      empfänget,
So bringt er doch auch manche frohe Stund',
Wo man sich an den warmen Ofen dränget
Und denkt: Ach, ist die Welt nicht schön und
      bunt!

Kälte

Kälte. Stille.

Meine Seele geht die Straße entlang.

Erinnert sich, wie es ist.

Der Wind schneidet die Beine – kalt.

Scharf – so manches Mal.

Bald wird es den Schnee geben.

Wo alle nur noch zu Hause sitzen wollen –
     im Warmen

Und doch: Diese Kälte – so anregend,

So belebend, und doch sogleich wieder
     ertötend...

Sie zieht mich an – und stößt mich danach
     wieder ab.

Ich werde sitzen im Warmen und stolz sein,
     dass ich sie überwunden habe.

Rauhreif

I

Rauhreif auf Wiesen

Null Grad in der Luft

Atem genießen

Von Schnee rührt der Duft

Liebe berühren

Zur Kälte so sacht

Sanftes Erfrieren

Hat Wärme gebracht

Blühen im Herzen

Kristalle so schlicht

Von Kälte gemacht

Brennende Kerzen

Zerstören sie nicht –

Nicht finstere Nacht

Kristalle aus Eis

Doch glühen sie heiß

Dies Eis friert mich nicht

Besteht ja aus Licht

An Wärme so reich
Sind Blumen sie gleich

Glitzernde Sterne
So weit von hier
Strahlen von ferne
Leuchten in mir
Düstere Felder
Kann sie kaum sehn
Noch dunkler die Wälder
Doch unendlich schön

Was ich nicht sehe
Sagt mir mein Herz
Spür' keinen Schmerz
Solang ich hier stehe
Fühle bloß Liebe
Von der ich nur weiß
Geschaffen aus Eis –
Ich wünscht', dass sie bliebe

II

Bald wird sie mich fliehen
Wenn Frühling erwacht
Wird nordwärts ziehen
Zu andern gebracht

'S wird Neues erwachen
Blumen befrein
Sonne wird lachen
Und Vögelein klein
Bringt Wärme dann Leben
Strahlt Licht durch den Wald
Wird's Kälte nicht geben –
Vergisst man sie bald?

III

Ich will nicht vergessen
Was Winter gebracht
Was mit meinem Wesen
Der Reif hat gemacht
Hat alles vertrieben
An Melancholie

Will immer ihn lieben

Vergesse ihn nie

Für alle, die gern lieben

Weihnachten ist Liebe
Ich hatt's beinah verloren –
Gemischte Liebe –
Jetzt ist alles wieder da:
Wie ein Eisbecher,
Den ich erkaufte
Für den Preis eines Kalenderblattes,
Das ich umdrehen durfte.

Dunkel ist die Nacht,
Dunkel ist der halbe Tag –
Draußen.
Hier drin ist es gemütlich,
Wenn ich es so will.
Kerzen, Musik, Plätzchen –
Heimkehren wird zum Fest.
Das ist die erste Liebe.
Mein Zuhause ist schön.
Ich liebe es.

Stress und Herumirren das ganze Jahr –
Man könnte es auch jetzt haben –
Vorbei.
Ich darf mich nun besinnen. Du auch.
Ruhe ist erlaubt zu Weihnachten.
Sorgen, Ängste, Nöte
Dürfen fortgejagt werden –
Einmal den Traum leben.
Das ist die zweite Liebe.
Mein Leben ist gut.
Gott liebt mich. Und Dich. Wir ihn auch.

Vieles gemeinsam einsam erlebt,
Das hohle Gerede eines Jahres aufsummiert

　　　　–

Quält!
Du hörst mir jetzt zu – so sehr,
Dass selbst leise Schwingungen übertragen
　　　　werden.
Ohne Zögern, ohne Scheu, voll Vertrauen
Sind wir Menschen in diesem Augenblick,
Du und ich.

Das ist die dritte Liebe.

Wir verstehen einander.

Ich liebe Dich.

Freundschaft und Romantik

Freundschaften die sterben

meiner meinung nach darf es sie geben
freundschaften die sterben
wie leichen die nach festgestelltem tod
endlich verbrannt werden dürfen
briefe mit alltagsdingen
widerwillig geschrieben aus pflicht
anrufe voll erzählungen die immer länger
       werden
und doch sind sie hohl uninteressant

wer will mir verbieten
diese menschen die ich liebte und verstand
an den allmächtigen gott abzugeben
betend ihn für sie sorgen zu lassen
dankend ihm sagend dass unsere zeit schön
       war und doch vorbei ist
hat er doch selbst gesehen weiß am besten
dass unsere wege sich nun trennen

wer will mir verbieten

abstände zu wahren bande zu trennen

um die eine nähe zulassen zu können

kämpfend zu halten wenn es darum geht

sich nie zu trennen lebenslang

abbild der liebe des herrn zu uns

Für M.

Mein lieber Freund, durch's Telefon
Hör' ich an Deiner Stimme schon,
Wie Du Dich freust, dass ich es bin.
Dies wied'rum bringt mir frohen Sinn.

Wir hatten heute noch was vor –
Bei mir wird's eng, Du musst zum Chor,
Wer sonst noch blieb, der rief nicht an,
Draus folgt, dass man nichts machen kann.

Verschoben wird er, der Termin,
In ein paar Tagen immerhin
Sind Ferien, da hat man Zeit
Und ist zum Freizeitspaß bereit.

Wir bleiben noch ein Weilchen dran –
Ich rufe Dich sehr gerne an –
Und sprechen über den und die,
Sym- Be-Zet-We Antipathie

Einige sind's, die mochtest Du,
Und glaubtest, Du gehörst dazu,
Doch zogen jähe Zweifel auf:
Ging, was Du gabst, für gar nichts drauf?

Verbittert klingt, was Du jetzt sagst.
Ich wünsch' Dir, dass Du nicht verzagst.
Hat man Dich denn so oft versetzt?
Ist Deine Seele so verletzt?

Du gibst es auf, wirfst jene fort,
Suchst für Dein Herz den neuen Ort,
Wo Leib und Seele ruhen kann,
Bietest uns Dein Vertrauen an.

Auch ich gehör' zu Deiner Wahl,
Mehrere sind wir, klein an Zahl,
Herzensverwandt in mancher Sicht,
Jedoch konform beileibe nicht.

Sagst Du etwas, hör'n wir Dir zu.
Wir mögen Dich, und Du bist Du.

Ist was geplant, führt unser Schritt
Zum Telefon: „Sag', kommst Du mit?"

Hör' mich, mein Freund, zu Ende an,
Sieh', Fehler macht ein Jedermann.
Leid kann Dir auch durch uns geschehn,
Ich bitte Dich, dies zu verstehn.

Doch fühlst du Dich mit uns recht wohl,
Findest hier Deinen Ruhepol
Und spürst der Freundschaft warmen Schein,
So will ich drüber glücklich sein.

Wie lange sprachen wir denn jetzt?
Nicht ewig, und auch nicht gehetzt,
Noch später denke ich daran:
Ich rief Dich heut' sehr gerne an.

Für *

Liebe *,

Ich habe Dich schnell liebgewonnen

Und Du auch mich, glaub' ich.

So zögere nicht,

Auch meinen Gott kennen zu lernen.

Meinen Gott, der mich zu dem macht, was

       ich bin.

Ja, der auch Dich sanft leitet,

Wenn Du es auch noch nicht begreifst.

Er hat mich in Dein Leben gestellt,

Damit sein Licht Dich erreichen kann.

Höre die Stimme,

Solange sie zu Dir spricht!

Lass es nicht gehen, das Irrlicht –

Die Sternschnuppe, die Dein Leben streift.

Häng' Dich an ihren Schweif!

Ergründe das Geheimnis ihres Lichts.

Halt Dich fest und komm mit

Zur Quelle des Lebens!

Lerne selber zu leuchten

Mit ewigem Licht.

Noch klarer, noch reiner.

Lass Dich nicht ablenken, hör' mir zu!

Glaube –

Und lebe!

Kleine Romanze

Ich vertraue Dir
Wie ein kleines Tier,
Das in Deiner Hand
Schutz und Nahrung fand.

Oh, ich hab' Dich lieb,
Du mein kleiner Dieb.
Stahlst mein Herz so rein –
Nun, so sei es Dein.

Drüber klag' ich nicht,
Denn Du liebst auch mich.
Drum biet' ich zum Schluss
Dir den Mund zum Kuss.

Hey Du, Sonne!

Hey Du, Sonne!
Was machst du, wenn Du nicht lachst?

Ich seh' Dich stets nur an heit'ren Tagen,
Und Du strahlst hell und schön.
Doch wenn Regen, Nacht und Wolken Dich
plagen,
Kann ich Dich nimmer sehn.

Wer tröstet Dich, wenn Du traurig bist –
Dein Bruder, der Mond, Deine Schwestern,
die Sterne?
Hast eins nur, das fort die Tränen Dir küsst –
Oder lachst Du still hinter Wolken noch
ferne?

Hey, Sonne, mich wärmen Deine Strahlen,
Ob ich froh oder traurig bin.

Denn stets lachst Du mir, und Sorg' wie
    Qualen
Verschwinden aus meinem Sinn.

Wenn ich traurig bin, träum' ich, wie Du
    lachst,
So auch an grauen und trüben Tagen.
Doch heute frage ich mich, was Du machst,
Wenn Du mal nicht lachst – wirst Du's mir
    sagen?

Vom Suchen und Gefundenwerden

Du bist

Du bist auf der Suche

Du bist auf der Suche nach einer Rose...

Schön ist sie

Rot ist sie

Freundlich ist sie

Und auch ein wenig stolz.

Sie ist vollkommen

Und ohne Dornen.

Sagst Du.

Wo ist

Wo ist jener Ort

Wo ist jener Ort, da sie wohnt?

Schon lange wanderst Du

Rastlos wanderst Du

Erwartungsvoll wanderst Du

Und auch ein wenig unsicher.

Sie ist nicht verzeichnet

Auf Deiner Landkarte.

Siehst Du?

Auf einmal, an des Weges Rand,

Hörst Du ein zartes Stimmchen fein.

Fast hättest Du es überrannt:

Ein kleines Gänseblümelein.

Noch halb zerzaust im Morgentau

Steht's dort im Gras – Gesteh' Dir ein:

Hätt's Augen, wär'n sie himmelblau –

'S fragt: "Darf ich dein Begleiter sein?"

Wieso

Wieso, fragst Du Dich

Wieso, fragst Du Dich, spricht es mich an?

So klein ist es

So zerzaust ist es

So unscheinbar ist es

Aber unheimlich mutig.

Was ist nur an dem Blümchen dran,

Dass soviel Mut es haben kann?
Fragst Du Dich.

Dann, plötzlich, ist Dir alles klar,
Hast's Blümlein wohl verstanden.
Erkennst: Das Ziel der Reise war –
(Die Rose) – nie vorhanden.

Vergessen ist sie, und Du fühlst:
Im Land der Lieb', dem großen,
Da werden selbst, wenn Du nur willst,
Aus Gänseblümchen Rosen.

Dein Lächeln

Dein Lächeln –
Ein verschlossenes Weidenkätzchenlächeln.
Verschlossen, weil Deine Augen schmal
      werden wie Schlitze,
Durch die Du selbst kaum noch
      hindurchblicken kannst
Hinter dem Schleier Deiner sich grüßenden
      Wimpernreihen.

Weidenkätzchenlächeln, weil Deine
      Gesichtsform
Und deine frühjahrshafte Fröhlichkeit
Mich an die ersten Weidenkätzchen erinnern.

Deutlich sehe ich diese Partie vor mir:
Den Streifen Deines von der Sonne
      gebräunten Jochbeins –
Rechts und links – dazwischen die Nase, die
      nur du hast.

Und breit lächelt Dein Mund.

Deine Ohren, einzigartig wie Du selbst,

„kriegen Besuch",

So offen ist das Lächeln deines Mundes.

Du Weidenkätzchen, Du.

Ich kenne die Maske Deines Gesichts;

Sie erinnert mich an ein Schiff auf Wellen

Ein kleines Boot mit bunten Wimpeln

Voller lachender Kinder.

Ich liebe dieses Boot.

Ich liebe Dein Lächeln.

Schenkst Du mir noch eins?

Die Angst einer Frau

Das Kätzchen hat sich zu weit vorgewagt.
Es hat sich beim Schmusen das Köpfchen
wund gerieben.
Nun kommt die Alte und faucht.

Das Land oder
Schlaflos

Der Herr nahm sie bei der Hand
Er führte sie in ein Land
Er zeigte ihr Felsen und singende Quellen
Das rauschende Meer mit den tosenden
     Wellen
Manches Mal blieb sie stehn, um dort zu
     verweilen
Und dann wieder zu gehen, erschrocken zu
     eilen!
Einmal war's nicht vertraut, einmal trog sie
     der Schein:
Als der Schnee war getaut, wollt' sie dort
     nimmer sein
Wied'rum war sie zu schwach, um zu wissen,
     wohin:
Saß im Grase am Bach – war kein Wasser
     mehr drin.

Neue Welt, neues Land, neues Leben, kein
    Trug
Frischer Quell, kühne Berge und Weiden
    genug
Wälder mit Bäumen, wohin sie auch sieht:
Wo wird sie wohnen, in welchem Gebiet?
Der dichte Wald war schön, wo Strahlen
    küssen
Doch wird sie dort nur spielen, wandern
    müssen.
Zuhause ist dort nicht – wo soll sie hin?
Die Meeresbucht ist schön – wie ist's da
    drin?
Komm, lass mich hinein in den herrlichen
    Bogen,
Geborgenheit spüren, hör'n flüsternde
    Wogen.
Sie sagen: Ich seh' Dich, versteh' Dich,
    komm nah!
Gezeiten hör'n auf, und nur Flut bleibt noch
    da.

Wasser woll'n nicht mehr gehen, weil ich bei
ihnen bin –
Und ich gebe mich ganz in ihr Rauschen
dahin.
Wann, o wann nur mein Herr, bin ich wirklich
zu Haus'?
Vielleicht muss ich auch aus dieser Bucht
wieder raus!

Glaube und Gottvertrauen

Jesus

Jesus allein ist mein Licht
Ein andres leuchtet mir nicht
Ist auch der Tunnel so tief
Dass mancher Strahl sich verlief
Brauche ich Laserlichtschein
Der kann in Christus nur sein

Wer sonst hat liebend gesiegt
Gegen den der uns betrügt
Der uns mit Lügen umgarnt
Wer sonst hat uns so gewarnt
Und uns gesagt wie es geht
In Worten die man versteht

Wer sonst als Christus allein
Kann der Befreier denn sein
Wer hat nie Sünde getan
Wer stieg ans Kreuz sonst hinan
Dafür zu sterben allein
Was niemals hat müssen sein

Nichts

Nichts bleibt, wie es war.

Alles ist anders.

Vertrauen und Gnade

Sind gewachsen.

Vielleicht gehen wir falsch.

Aber auch das wirst Du

uns offenbaren.

Ich vertraue Dir.

Menschenfrau an Gott

Ich sing ein Lied für Dich –
Komm und berühre mich!
Ich will Dich spürn – komm nimm mich bei
    der Hand!
Du wirst mich führn in das verheißne Land.

Mein Herz verlangt nach Dir!
Oh, alles ruft in mir:
Ich will Dich sehn – oh lass mich niemals los!
Hilf mir beim Gehn – die Knie, sie wackeln
    bloß!

Ich bin ne Menschenfrau,
Und Du weißt ganz genau:
Ich habe Angst, Dich jemals zu verliern.
Doch ich weiß, Du kannst mich in den
    Himmel führn.

Menschenfrau an Gott ruft SOS
Halt meine Hand – Lass mich nicht los!

Leb ich, so hält mich Deine Hand,
Sterb ich, so geh ich in Dein Land.

Laß mich nicht los – geh niemals fort!
Hindre an mir Satans Mord!
Halte mein Herz! Kühl allen Schmerz!
Tränen fang auf! Sehnen halt auf!

Nimm der Lüge ihre Macht!
Jesus, Jesus hat's vollbracht!

Ich weiß es – ich glaube!

Tränen

Brüder, die sich in den Armen liegen,
Schwestern, die sich Komplimente machen.
Unter Tränen rufe ich: Danke, mein Vater!

Zerbrochene, die wieder aufstehen,
Schuldige, die einen neuen Anfang wagen.
Unter Tränen rufe ich: Danke, mein Jesus!

Seelen, die neue Freiheit atmen,
Täglich erfrischt und so rein wie Kristalle.
Unter Tränen rufe ich: Dank Dir, o Geist!

„Sie sind nicht von der Welt, wie auch ich
nicht von der Welt bin." (Bibel:
Johannes 17,16)

Ich darf Vater zu Dir sagen

Ich darf Vater zu Dir sagen, weil Du mich
    erziehst.
Ich darf Liebster zu Dir sagen, weil Du bei
    mir bist.
Darf zu Dir Beschützer sagen, weil's die
    Wahrheit ist.
Ich darf Vater zu Dir sagen, der mich fest
    umschließt.

Eine Stadt versprichst Du mir –
Eine Feste in Ewigkeit.
Wo ich mit den Freien tanze,
Wo wir lachen, jubeln, singen –
Ohne Ende, ohne Ende.

Einen Raum versprichst Du mir –
Luftig frei und voller Freude.
Wo ich glühe, wo ich strahle,
Wo ich atme, lebe, schaue –
Im Geist befreit, im Geist befreit.

Einen Weg versprichst Du mir –
Einen Pfad, der sicher ist.
Wo ich gut geleitet gehe,
Wo ich schreite, laufe, schleiche.
Das ist Dein Wort, das ist Dein Wort.

Eine Chance, die gibst Du mir –
Gnade, die ich kaum begreife.
Alles andre ging ja noch,
Doch da lebte, litt und siegte
Jesus für mich, Jesus für mich.

Ein Gedicht, das gibst Du mir –
Es soll mir die Zeit verkürzen.
Gibt der Hoffnung wieder Feuer,
Und ich singe, träume, sehne:
Ich komm zu Dir, ich komm zu Dir.

Ich darf Vater zu Dir sagen, weil Du mich
　　　erziehst.

Ich darf Liebster zu Dir sagen, weil Du bei
mir bist.
Darf zu Dir Beschützer sagen, weil's die
Wahrheit ist.
Ich darf Vater zu Dir sagen, der mich fest
umschließt.

Herrlicher

Herrlicher –

warum nur bin ich so schnell gerannt?

Warum vor dir davongelaufen

vor mir

vor dem leben das nicht so schnell lief wie

     ich

aus mir heraus

vor dem plan

dem göttlichen

außer atem

warum nur

wenn ich dann doch

innehaltend

schwer atmend

mehr zeit verliere

als ich meinte im lauf zu gewinnen?

Gnade

Deine Gnade hat mein Herz überrumpelt,
Deine Treue kann ich nicht verstehn.
Deine Liebe bleibt mir ferne, wenn ich mich
    nicht selbst aufgebe und sie Dir
    erlaube.
Deine Berührung steht mir nicht zu - Du setzt
    Dich darüber hinweg.
Ich sollte knien in Aschehaufen, doch Du
    legst mich in Königsbetten.
Ich verweigere Dir mein Herz, doch Du
    kitzelst es mit einer Feder, bis es
    lacht - o ja, tu es!
Ich will jubeln über den Herrn und alle Aber's
    vergessen!

Fülle mich frühe
Fülle mich frühe mit Deiner Gnade
Gib mir Sternenaugen, zu leuchten Dein
    Glück; der Liebste ist da.
Längst lebt er, schlimmem Tod entronnen;

ich kann nicht weinen, denn ich bin froh.

Es ist alles schon geschafft - er lebt!

Und meine Seele pflegt er im Verborgenen -

    die Errettete.

Tochter Zion - die Braut - hier bin ich!

Hier bin ich, und alle meine Schwestern.

Wir warten sehnsüchtig, Dich zu sehen.

Warten und weinen nicht - wissend.

Wissend - innendrin bist Du schon.

Nur offenbar erst werden wir noch.

Deine Umarmung finde ich noch in Kopie -

    und selbst das tut gut.

Fülle mich frühe mit Deiner Gnade,

Damit ich springen kann wie ein Reh - frei

    und ohne Last.

Zur nächsten Quelle, zum frischen Gras,

    über die Lichtung, und schon

    entschwunden.

Küß meine Seele, dann bin ich frei.

Lobe den Herren

Lobe den Herren,

Lobe den Herren,

Lobe den Herren, mein Herz!

Lass Dich nicht trüben,

Lass Dich nicht trüben,

Du meine Seele, durch Schmerz!

Mögen auch Tage voll Leiden vergehn,

Wird's doch in Ewigkeit nochmal so schön!

Denn Dein Gott hat den Weg schon bereit'.

Darum halte Du durch diese Zeit.

Danke dem Herren,

Danke dem Herren,

Danke dem Herren mein Mund!

Preiset ihn, Lippen,

Preiset ihn, Lippen,

Tut seine Herrlichkeit kund!

Gibt es auch Stunden voll einsamem Weh,

Ist doch mein Inneres leuchtend wie Schnee.

Wirkt Deine Gnade auf meinen Geist,
Wo Einsamkeit plötzlich zwei sein heißt.

Sieh meine Wunden,
Sieh meine Wunden,
Sieh meine Wunden nur an.
Wäre die Zeit schon,
Wäre die Zeit schon,
Wäre die Zeit schon heran,
Dass alles werde nun offenbar,
Dass diese Erde Erinn'rung nur war.
Doch ist das Streben irdisch noch heut.
Gibt es noch Tränen, Hoffnung und Leid.

Könnte ich sterben,
Könnte ich sterben,
Könnte ich sterben zu Dir.
Wollt ich dann gehen,
Wollt ich dann gehen,
Wollt ich dann gehen von hier?
Warum nur ist diese Erde noch mein,
Ist noch der Ort, wo ich lache und wein' –

Wo doch die Sünde lauert auf mich?
Sehnsucht, Begehren zerreißen mich.

Kann mich nicht teilen,
Kann mich nicht teilen,
Kann mich teilen in zwei!
Lasse mich niemals,
Lasse mich niemals,
Lasse mich niemals zu frei!
Nimm meine Hände und fasse mein Herz,
Ziehe oh ziehe mich heim oh heimwärts!
Lass mich nicht wollen, was mich verstört!
Ich hab vom Weg von Dir fort gehört.

Wenn ich atme...

Wenn ich atme,

Dann spürst Du, wie ich mich dehne,

Spürst meine Lungen,

Siehst meine Bewegung,

Fühlst, wie ich mich fühle –

Du bist Gott.

Wenn ich rede,

Siehst Du meine Lippen,

Hörst Du meine Worte,

Spürst meine Stimmbänder,

Und stellst nichts entgegen –

Du bist Gott.

Wenn ich singe,

Kennst Du die Dynamik,

Die Schwingungen im Leib,

Von unten nach oben,

Merkst Du, was sich bewegt –

Gott. Bist Du.

Sind meine Augen offen,

So siehst auch Du das Bild.

Du verfolgst, wie es entsteht.

Du riechst auch, was ich rieche.

Ich kann nie sagen,

Dass Du nicht dabei seist.

Du bist Gott.

Vater...

Klein ist jede Königin,
Wenn sie vor Dir stehen muss,
Und es schwindet ihr der Sinn,
Gibst Du ihr den Gnadenkuss.

Die Prinzessin ist allein,
Fragt sich, wer wohl bei ihr ist,
Sitzt in einem Haus aus Stein –
Weißt Du, wie sie Dich vermisst?

In ihr drin ist alles wund,
Magen krampft und's Herzerl weint.
Zitternd zählt sie jede Stund',
Die ihr leer und einsam scheint.

Jesus, komm ich heim zu Dir,
Ist vergessen, was mich quält.
Doch bis dahin scheint es mir
Nicht, als würd' ich Dir vermählt.

Alles in mir schreit so laut –
Schreit vor Schmerz und voller Wut,
Und die andre Stimme traut
Kaum zu sagen sich: „'s wird gut".

Nimm mein Herz in Deine Hand –
Forme es nach Deinen Sinnen!
Eines habe ich erkannt:
Da musst Du schon ran, da drinnen.

Wenn ich loslass, hältst Du fest?
Ist es möglich stillzustehn,
Bis Du mich ganz spüren lässt,
Dass wir miteinander gehen?

Leben – heute

Schlägt mein Herz bis zu diesem Abend,
So will ich Dir danken für das große
      Geschenk.
Unverdient durfte ich weiterleben
In der Gemeinschaft mit Dir und den
      Freunden.

Vielleicht durfte ich eine Hoffnung geben,
Oder ein anderer schenkte mir Trost.
Vielleicht hab ich nur an die Wand gestarrt.
Und an Dich gedacht – oder bloß geweint?

Vielleicht habe ich ganz vieles geschafft,
Das hilft, das Leben weiterzuleben.
Das wäre auch gut, denn möglicherweise
Folgt auf das Heute ein weiterer Tag...?

Morning Prayer Song

Confusion in my heart
Don't know how to seek your will
Don't know how to find the place
That you live in.

I'm raising up my hand
In midst of this darkness world
Confess that it's blinding me
                    Come and guide me!

I'm lifting up my head
I open my desperate eyes
To look where my help comes from
                    Comes from heaven!

I open up my heart
My heart full of wickedness
I say: "You're the only one
Who can heal it!"

I start and read your words

I hope that they touch me now

These words are my daily bread

Bread from heaven...

Angels – carry me

Angels – carry me!
Angels – keep on carrying me!
As He promised He would send you
To carry me in your hands.

My feet will not be wounded
'Cause you are carrying me.
My soul will never be hurt
'Cause you keep on carrying me.
I will never be broken
Since you are the warriors at my soul's front
   door.
I will never be hurt in my hidden life
Until I stand before Him
And see Him face to face – unveiled.

Angels – carry me.
The way to my father is stony
But He promised I would not be hurt.
I am not afraid,

'Cause His own son is my saviour

And you are the warriors at my soul's front
door.

Angels – carry me.

(Bible: Psalm 91,11.12)

Do you still love me?

When I once die and they bury me
And my soul falls off the earth's rim:
Will you be there and catch her up?

Would you please – please – carry her
Upon their heads to the place
Where the sounds ring
And the angels lift them up
When I sing.

Don't let her go wrong
As long as it is called "today"
The enemy must be denied
As he stands waiting – then
When my soul falls off the earth's rim.

I need to see the end of it all –
When the last day is leaving
And I am purified of all I had
And watch the deeds I've done

I'll shake my head – for sure
But please – don't let me see I walked too far
      astray.

I'm so afraid – don't let my fears win over me
It' Satan who wants to feed me with them
But your grace is big enough
And he's only a little fallen lior.
My bread is hard and dry sometimes –
And there is little water for my soul.
And sometimes it's like worms inside of them
Sickness and diseases spreading over me

Do you still love me?
Do you still see me?
That's all I want to know…
I think of Job and there was many things he
      suffered
And he sinned on the way
And you – you blessed him
You were proud of what you did to him.

When I once die I want to see how much you
        blessed me
Nothing else will count
No pride, no strength, no possessions
Just you and your treasure box
The treasures in heaven.

I confess I've been sinning
Last night – yesterday – all the time before
Your grace is big enough
Do you still love me?
What is your love like?
Can I enjoy it?

You know what?
I am falling right now.
Please – catch me up – today
I'm in danger – trying to get hold of
        something
But – it doesn't help
Please catch me up – and help me cry
In your arms. Finally. Quietened. Relieved.

Besinnliches

Meine Seele

Manchmal...

Manchmal hat sie Angst,
Dass irgendetwas sie verletzen könnte.
Dann will ich sie trösten.

Manchmal fühlt sie sich schuldig,
Weil sie glaubt, falsch gehandelt zu haben.
Dann will ich ihr verzeihen.

Manchmal fühlt sie sich sündig,
Weil ihre Gedanken und Worte wider Gott
    scheinen.
Dann will ich für sie beten.

Manchmal fühlt sie sich erdrückt,
Weil so viele Dinge auf sie einstürmen.
Dann will ich ihr Ruhe geben.

Manchmal ist sie gehetzt,

Weil sie glaubt, alles vorausplanen zu

müssen,

Dann will ich sie Vertrauen lehren.

Manchmal fühlt sie sich einsam,

Weil sie sich selbst nicht mehr versteht.

Dann will ich bei ihr sein.

Doch oft...

Oft ist sie erleuchtet,

Von der inneren Liebe des Herzens.

Dafür will ich sorgen.

Oft ist sie entzückt

Von der Natur, den Tieren, den kleinen

Dingen.

Dafür will ich sorgen.

Oft ist sie verliebt

In den Blick eines lieben Menschen, eine

Geste, sich selbst.

Dafür will ich sorgen.

Oft ist sie frei

Wie ein Kind zu lachen, zu tanzen, zu

spielen.

Das will ich ihr geben.

Oft ist sie bezaubert

Von den Träumen, den Phantasien, den

Erlebnissen.

Das will ich ihr geben.

Oft ist sie einfach glücklich

Über das Leben, die Sonne, das Licht.

Das will ich ihr geben.

Sie ist ein Kind

Und verdient meine Liebe und Fürsorge.

Die will ich ihr schenken.

Ein Leben lang.

Ewigkeit

Es gibt so viele Dinge, Termine –

Das Leben schreibt einen langen Brief –

Ein Buch vielleicht...

Doch zwischen den Zeilen

Soll Friede herrschen.

Friede und Hoffnung

Auf den Epilog, auf das „Dann".

Klappt man den Buchdeckel zu schließlich,

Gibt es keine Buchstaben mehr

Und der Raum, der einstmals zwischen den

       Zeilen lag,

Triumphiert im Sieg.

Der Apfel

Ich sitz' bei einer Tasse Tee.
Auf einmal kommt 'ne kleine Fee
Und fragt mich: He, wie geht es Dir?
Ich sag: 'S ist ganz gemütlich hier.

Sie bietet mir drei Wünsche an –
Ob ich damit was anfang'n kann?
Fragt sie mich sanft. Ich denke nach.
Erst fällt mir gar nichts ein. Doch – ach!

Ich rücke lächelnd mich zurecht
Und sag' dem Feelein, was ich möcht':

Sieh her, ich sitze ohne Schuh
Auf einem Stuhl und habe Ruh'.
Ich wünscht', dass jeder dann und wann
Mal eine Pause machen kann.

Ich habe eine Tasse hier –
Ob Tee, ob Wein, ob kühles Bier –

Gib dem, der müde oder matt,
Soviel zu trinken, bis er satt.

Als drittes will ich nicht vergessen:
Gib allen Menschen auch zu essen.
Sei auch so lieb, wenn ich Dich bitt:
Bring mir gleich einen Apfel mit.

Die Wünsche schienen mir sehr gut,
Ich wartete mit frohem Mut.
Die Fee saust los – und eins, zwei, drei –
Bringt sie den Apfel mir herbei.

Horch, spricht sie, ich erfülle Dir
Drei Wünsche, dies ist einer hier.
Der andern drei erfüll' ich zwei
An jedem, wo ich komm' vorbei.

Ja, eines fehlt an jedem Ort:
Man hungert hier, man dürstet dort.
Wer isst und trinkt, hat keine Ruh.
Der Apfel – war's ein Traum? Sag' Du!

Zwei in mir oder
Konstruktive Zwiesprache

Seele, ich hab' es gesehn:
Du hast Dich belogen!
Konntest Dich selbst nicht verstehn,
Der Schein hat getrogen.
Eiltest um Jahre voraus,
Nur um zu erkennen:
Es kommt bloß Kummer heraus,
Wenn wir so schnell rennen.

Sprich, mein Verstand, bleib' nicht stumm,
Du prägst meinen Willen.
Sieh doch, die Seele ist dumm,
Sie kann ja nur fühlen.
Trotzig ist sie und verzagt,
Voll Stolz und Verlangen.
Denkt, dass die Weisheit sie plagt,
Kennt Hoffen, kennt Bangen.

Siehe, ich brauche auch Dich,

Mein liebes Empfinden.

Sprich nur und fürchte Dich nicht,

Doch lasse Dich binden

An den Verstand, Deinen Herrn;

Er wird für Dich sorgen.

Willst seinen Schutz Du verwehrn,

So leidest Du morgen.

Ein weißes Blatt Papier

Kein Kringel, keine Schnörkelchen,
Nicht bunter Blumen Zier,
Kein Nilpferd, rosa Ferkelchen,
Schmückt dieses Blatt Papier.

Das, wo ich oft dazwischenschrieb,
Was teils den Platz mir nahm,
Des Farben sich vermischten – lieb
War's mir, dass gern ich's nahm.

Es gab mir Ziel wie Ausgangspunkt,
Gedanken eilten schnell.
'S ward wie die Farben ja so bunt
Der Worte Klangduell.

Und tausend Zeilen – grad' drauflos –
Schrieb leicht ich und beschwingt.
Merkt' nicht, dass in solch Worten bloß
Der Rahmen widerklingt.

Doch einmal liegt es da – ganz groß:
Ein weißes Blatt Papier.
Kein rascher Spruch, Gedankenstoß,
Kein Wort entreißt sich mir.

Kein Weg, kein Rat – nur weiß liegt's hier,
Nur leblos blankes Kalt.
Doch still, da knistert's, flüstert mir:
„Verleihe mir Gestalt!"

Ich nehm's, schließ' Herz und Seele auf,
Und schreib' nur ehrlich's Wort.
Setz' noch ein Bild und Grüße drauf
Und schick's an Deinen Ort.

So hol' ich nun statt buntem Blatt
Ein weißes gern herbei.
Läuft's Schreiben auch zuerst nicht glatt –
Mehr Wahrheit ist dabei.

P.S.:

Doch schreib' ich Dir aus Spaß und Freud'
Grad' in den Tag hinein,
So darf's wie damals auch noch heut'
Ein buntes Blättchen sein.

Ich weiß,, wie gern Du Farben magst,
Und das, was zählt, bist Du.
Wenn Du mir, was Du gern hast, sagst,
So schick' ich's Dir gern zu.

Umwelt

Vor 1000 Jahren:
Wasser, Feuer, Erde, Luft – Rein.

Heute:
Wasser mit Säure
Plus Ölfilm auf der Oberfläche
Aufgewühlte Meeresböden
Fischleichen driften bauchaufwärts
Seevögel kauern im klebrigen Federkleid
Romantisches Stilleben in Schwarz
Tod – hübsch.

Feuer, das Müll zerfrißt,
Feuer in Wäldern, von Stürmen geschürt,
Feuer in Stoffen, die nicht brennen sollten.
Heizt die Zimmer und die Erde gleich mit
Wir wollen auch am Südpol nicht frieren.
Let's melt the caps and settle down there –
Schmelzen wir das Eis, so können wir dort
       wohnen1

Erde versauert, sauer, sauer, sauer,

zerwühlt, zerfressen, wo man Kohle ausgrub.

Verdichtet, wo man drüberfuhr.

Zerstört, wo man anderes pflanzte, als sie

hergab.

Wir wollen Zitronen in Sibirien ernten

Und Reis im Gebirge, Kakteen im flachen

Wasser.

Hier soll statt Wald Gemüse wachsen!

Laugt sie aus!

Luft mit allerhand Oxiden

Rußpartikel und Gifte inklusive

Flugzeuge pesten, liefern Ananas nach

Deutschland

Ozon genau dort, wo es nicht hingehört

Wählt die freien Radikalen!

Sie greifen effektiv durch gegen das Ozon,

Genau dort, wo es hingehört hätte.

Let's change the world!

Ja, so verändert der Mensch die Welt

Der selbsternannte Schöpfer schafft:

Allergien, Asthma, Atemnot,

Krebs, Vergiftungen, Verirrungen,

Er schafft: tote Pflanzen, Tiere, Menschen

Und oben sitzt da einer, der da soll „richten

Die Lebenden und die Toten".

Vielleicht fragt er sich manchmal,

Wie lange er sie noch finden kann

Die Lebenden und die Toten –

Ich meine: Die Lebenden...

Frei

Eine große und schöne wilde Herde
Galoppiert vorbei, der Sand staubt hoch.
Und ich weiß, dass ich nie so frei sein werde,
Denn ich trage der Menschheit Joch.

Aber alle Wesen, ob Mensch, ob Tier,
Stehen einst vor der Himmelspforte.
Und sind wir irgendwann nicht mehr hier,
Sind wir gleich – vor des Gottes Worte.

Dann sind wir so frei, wie wir immer wollten,
Egal, wer wir sind, was wir waren.
Und vor Katastrophen, die auf Erden grollten,
Wird Gott uns für immer bewahren.

Lebt!

Sagt, was Ihr denkt – zeigt Eure Gefühle,
Ihr Menschen auf dieser Welt.
Verirrt Euch nicht im Gesellschaftsgewühle,
Träumt von dem, was Euch gefällt.

LEBT! – und zeigt anderen das Leben,
Die es noch nicht gefunden.
Wirkliches Leben:
Nehmen und Geben –
Von Liebe und Leid umwunden.

Lebt nicht nur das Leben von Glück und
      Freud',
Ihr reichen, armen Wesen;
Denkt auch an die Trauer, an Schmerz und
      Leid,
Sonst seid Ihr glücklich GEWESEN!

LEBT! – und zeigt anderen das Leben,
Die es noch nicht gefunden.

Wirkliches Leben:

Nehmen und Geben –

Von Liebe und Leid umwunden.

Glücklich

Festen Schrittes, gestraffte Schultern,
Immer die Straße entlang.
Vögel, Autos, Blumen, Wetter,
Geräusche, Wind, Licht.

Da, der Gedanke!
Legt ein Lied auf die Lippen –
Erpresst sanft eine Träne,
Die schimmert leis unterm Lid

Langsam gehend, wiegend schwanke
Ich – träumend, lobend, Gott preisend.
Offen das Herz – o wie verletzlich!
In diesem Moment ganz ungeschützt!

Die Träne ist die Freude,
Das Lied das reine Glück.
Alles zusammen ist's Liebe –
Wer soll da an Vorsicht denken?

Gebet des modernen Menschen

Auto mein, das du stehst vor der Türe,

Gepriesen sei deine Leistung

Deine Zündkerze funke,

Dein Motor heule –

Wie am Morgen also auch zum Heimweg.

Meinen üblichen Weg fahr' mich heute.

Und vergib mir, wenn ich falsch kupple,

Wie auch ich vergeb' dir deine Pannen.

Und verführe mich nicht zum Rasen,

Sondern warne mich durch lautes Dröhnen.

Denn dich brauche ich, deine Kraft

Und deine Herrlichkeit zur Eitelkeit –

Auto.

Träumer

Gott, ich bin ein Träumer –
Kann man mir die Träume verbieten?
Ein Träumer bin ich, doch kein Säumer!
Das Glück kann man nicht kaufen, nicht
    mieten.

Ich träum' noch von der Liebe,
Deren Reinheit alles übertrifft,
Die niemals gegen andre Böses triebe,
Und die sanft wie ein Nachen auf stillen
    Wassern schifft.

Ich träum' noch von Augen, die glänzen
Im Fieber der Freude – der Sinne,
Von Gedanken, die einander ergänzen,
Vom Du, das grad' dort aufhört, wo ich
    beginne.

Ich träum' von zwei Vögeln, die fliegen
Parallel, mit zart sich berührenden
    Schwingen,
Die gemeinsam die Stürme besiegen –
Kein Regenguss kann sie bezwingen!
    Sie singen.
    Sie schweben.
    Ich träume ganz leise:
    Vom Leben.
    Von unserer Reise.
    Gott, sende mir ein Du,
    Damit ich ein Ich werden kann.
    Doch halt – Lieber warte ich und höre
    Dir zu:
    Sag' an – sag' wann – und dann?
    Sag' nichts – das ist genug!
    Führ' mich, denn Du bist klug
    Und weise.
    Ganz leise
    Verschwimmt die Wirklichkeit,
    Zerrinnen Raum und Zeit –
    Und ich TRÄUME...

Der Spatz

(mein allererstes Gedicht)

Ein Spatz saß auf der grünen Bank
Mit wundervollem Gesang.
Und später saß er auf dem Haus
Beim andern Spatz, und der hieß Klaus,
Der auch so schön dort sang.

Sie flogen dann an einen Zaun,
Und ganz blau war der Zaun.
Und dann flogen sie auf den Baum,
Der war neben dem Zaun,
Und war ganz grün und braun.

Sie flogen weit und sonstwolang,
Auch auf den Ozean.
Dort war auch eine Sandbank,
Die niemand sehen kann,
Und ihnen wurde es nicht bang.